AF450433

DE LA PERSÉCUTION

SUSCITÉE

PAR Jean-François LAHARPE,

CONTRE

LA PHILOSOPHIE

ET SES PARTISANS.

DE LA PERSÉCUTION

Suscitée par Jean-François Laharpe, contre la Philosophie et ses partisans ;

EN RÉPONSE

A son écrit intitulé : *Du fanatisme dans la langue révolutionnaire, ou de la persécution suscitée par les barbares du dix-huitième siècle contre la religion chrétienne et ses ministres.*

Par CHAUMONTQUITRY, Républicain français.

QUE font les écrivains contre-révolutionnaires ? Ils attaquent la *Philosophie* avec un acharnement tel, qu'à coup sûr, il ne leur manque que la puissance de Philippe II, pour envoyer les Philosophes au bûcher, comme il y envoyait les Protestans. S'ils parviennent à détruire l'esprit *philosophique*, ils feront infailliblement la contre-révolution, comme Charles II la fit, lorsqu'on fut parvenu à anéantir l'enthousiasme des puritains ; et par la même raison que sa cour fut athée et dissolue, celle du tyran qu'on nous destine serait très-religieuse, très-ignorante, et sur-tout *très-anti-philosophe.*

HONORÉ RIOUFFE.

SE TROUVE A PARIS,

Et Chez tous les Marchands de nouveautés.

MESSIDOR, AN VIII.

AVIS AU LECTEUR.

CETTE *réponse était commencée avant le 18 fructidor. A cette époque, Jean-François* LAHARPE *fut proscrit : dès lors il fut sacré pour moi ; et je suspendis mon ouvrage, bien résolu de ne le pas faire paraître tant que l'écrivain auquel je répondais serait dans le malheur. Depuis le 18 brumaire, il a été non-seulement rendu à sa Patrie, mais à ses droits de Citoyen ; alors j'ai achevé ma réponse, et je la fais paraître au moment de sa plus grande prospérité.*

Je devais à mes lecteurs l'explication des motifs du retard que j'ai mis dans la publication de ma réponse à un ouvrage qui a paru en l'an 5; mais qui a été malheureusement assez célèbre pour avoir trois éditions consécutives.

Quelques amis m'ont dissuadé de faire imprimer cette réfutation, en me menaçant de l'inimitié d'un grand nombre d'amis de l'écrivain auquel je réponds. Malheur à ceux qui ravalent leur haîne ou leur amitié assez bas, pour que l'opinion politique en soit le thermomètre ! telle a été ma réponse à ces menaces. D'ailleurs, les Philosophes *et la* Philosophie *sont si audacieusement et si ridiculement poursuivis en ce moment, qu'il est du devoir d'un homme de courage, non pas de les justifier, mais de les venger.*

NOTE qu'on ne peut se dispenser de lire avant cette réponse.

———————————

Vainement Jean-François Laharpe, dans une note mise au bas de la page quatre de son ouvrage, nous avertit que *cette Philosophie qu'il traite (grâces au ciel) avec tout le mépris qu'elle mérite, n'est uniquement que celle des écrivains qui se sont eux-mêmes appelés Philosophes, parce qu'ils prêchaient l'athéisme, l'irréligion, l'impiété, la haîne de toute autorité légitime, le mépris de toutes les vérités morales, la destruction de tous les liens de la société.*

Cette distinction n'est qu'un pur sophisme dans la langue de notre auteur ; et cet empressement qu'il met à courir au-devant de toute défense de la part des *Philosophes,* en déclarant que son ouvrage est dirigé contre les *Philosophes impies, athées, irréligieux, factieux, et ennemis de tout ordre social,* prouve une seule chose, qu'il craint la réponse des *Philosophes* et la défense de la *Philosophie.*

Je réponds au nom des *Philosophes* à J.-F. Laharpe qu'il se dissimule à lui-même la vérité,

A 3

quand il affirme n'avoir pas enveloppé, sous la dénomination de *Philosophes*, toutes les espèces de *Philosophes*. Cet écrivain connaît trop bien sa langue, pour ignorer que les mots *Philosophes*, *athées*, *impies*, *irréligieux*, *factieux*, ne sont point synonimes dans la langue française; et quand il attaque un ou plusieurs *Philosophes* pour avoir donné, dans leurs écrits, des leçons d'athéisme, d'impiété ou d'irréligion, il doit les poursuivre au nom de la vérité dont il se déclare le défenseur, non comme des *Philosophes*, mais comme des *athées*, des *impies*, des *irréligieux*.

J.-F. Laharpe ne l'a pas fait; et loin de flétrir leurs personnes et leurs ouvrages du nom du crime dont ils s'étaient rendus coupables, il a trouvé plus commode de changer l'épithète honorable de *Philosophes* en une flétrissure infamante : donc il est de mauvaise foi.

Que les ignorans apprennent désormais que les mots *Philosophe*, *athée*, *impie*, *irréligieux*, *factieux*, *ennemi de tout ordre social*, signifient la même idée dans la langue de J.-F. Laharpe; et pour lire et entendre désormais ses ouvrages, qu'ils l'invitent à faire imprimer, à leur tête, le vocabulaire de son nouvel idiome.

AVANT-PROPOS.

L'Ouvrage de J.-F. Laharpe intitulé : *Du fanatisme dans la langue révolutionnaire, ou de la persécution suscitée par les barbares du dix-huitième siècle contre la religion chrétienne et ses ministres*, m'annonçait, par son titre, un tableau hideux, mais historique, des horreurs commises particulièrement contre la religion et ses ministres, pendant les dix-huit mois de terreur qui ont ensanglanté la France.

Mais, non content d'être le sombre historien de notre révolution, non content de l'offrir aux regards de ses lecteurs entourée de spectres et de ruines, non content de la leur présenter sans cesse armée de la faulx de la mort et revêtue du manteau sanglant des meurtres et des assassinats, J.-F. Laharpe dénonce au tribunal de l'opinion publique, comme auteurs de tous ces crimes, des hommes qui, dans tous les siècles, ont écrit sous la dictée de la raison, de la justice et de l'humanité; des hommes qui, dans tous les siècles, ont appelé par leurs écrits un changement dans l'ordre politique pour le bonheur de leurs conci-toyens et des générations futures; des hom-mes qui, presque tous éloignés du théâtre des révolutions comme acteurs, les ont servis, à leurs différentes époques, par le courage de la vérité et l'expansion des lu-mières; *des Philosophes!*

Que cette calomnie retombe sur lui seul! Et puisqu'il ose ainsi briser les presses de la vérité, puisqu'il ose vouer au mépris et à la persécution ses adorateurs, puisqu'il ose étendre sur l'horison des lumières le voile ténébreux de l'erreur, je me présente dans l'arêne avec peu de moyens peut-être, mais au moins avec un grand courage.

Qui-êtes vous, me demandera quelque curieux étonné de mon audace, pour vous mesurer avec J.-F. Laharpe ? Vous êtes sans doute un ex-académicien ? — Point du tout : — Un membre de l'institut ? — Encore moins : — Un écrivain déjà connu ? — Pas davantage. —Qui êtes-vous donc? Un jacobin? un terroriste? un buveur de sang? —Plus que tout cela dans la langue de J.-F. Laharpe; un ami zélé des *Philosophes* et de la *Philosophie.* —Vous ont-ils prié de les défendre? —Non. —Pourquoi vous en chargez vous? —Parce que je les aime. —Vous êtes donc leur complice? —Cela se peut. —Signerez-vous votre défense? —Pourquoi pas. —Vous l'avouerez donc. —Il n'y a qu'un être faible et lâche qui puisse garder l'anonyme: je ne suis ni l'un ni l'autre, et j'apposerai ma signature.

Je préviens les lecteurs que j'opposerai aux tableaux affreux de J.-F. Laharpe et à ses homélies sur le sort de la religion chrétienne et des prêtres, des horreurs plus sanglantes commises au nom de cette religion et de ses ministres. Je ne ferai cependant cette opposition qu'avec ménagement et quand j'y serai forcé par la logique inconséquente de notre auteur, qui fait découler, comme conséquence nécessaire, toutes ces horreurs d'un seul principe, de la *Philosophie* et de ses partisans.

J'eûsse laissé le tragique J.-F. Laharpe barbouiller un tableau historique avec le sang des victimes de la révolution, ou nouveau converti faire amende honorable de ses erreurs passées, en écrivant des jérémiades sur le renversement des autels et la profanation des temples sacrés. S'il s'en fût tenu là, je ne l'attaquerais pas plus par les armes de la raison, que je ne le combattrais par les armes du ridicule : mais il vomit contre les *Philosophes* et la *Philosophie* de calomnieuses accusations ; il faut au nom de l'histoire des tems passés et modernes, il faut au nom de la raison, il faut au nom de la vérité, le marquer sur le front du sceau de la calomnie.

Je commence, et je suivrai dans ma réponse le même ordre, ou plutôt le même désordre, que J.-F. Laharpe a mis dans son écrit distribué en paragraphes incohérens.

DE LA PERSÉCUTION

SUSCITÉE

PAR Jean-François LAHARPE,

CONTRE

LA PHILOSOPHIE

ET SES PARTISANS.

I.

La *Philosophie* est la recherche de la vérité, en descendant des causes aux effets, ou en remontant des effets aux causes : n'importe par lequel de ces deux moyens on arrive à ce but, il est certain qu'on est *Philosophe*, quand on l'a atteint à l'aide d'une bonne logique.

Cette définition, la seule juste, la seule vraie de la *Philosophie*, exclut, pour ses partisans, toute espèce de fanatisme. En effet, le raisonnement bannit loin de lui tout *zèle aveugle et outré*, tout *enthousiasme*, toute *superstition*, tout *écart de l'imagination exaltée* ; et par cela même qu'on raisonne, on n'est ni *enthousiaste*, ni *superstitieux*, ni *exalté*.

Il n'en est pas ainsi de la religion catholique-romaine : des mystères incompréhensibles en sont la base fondamentale ; il faut croire ce qu'on ne comprend pas. Cette crédulité aveugle, demandée sous le nom de *foi* par les ministres et les pontifes de cette religion, *sous peine d'une éternelle damnation*, proscrit toute espèce de raisonnement ; et l'absence de raisonnement conduit à l'*enthousiasme*, à l'*exaltation*, à la *superstition*.... Les têtes chaudes, les esprits vifs, les cœurs sensibles sur-tout, impatients du joug de la crédulité qu'on leur impose au nom du ciel, croient prouver leur zèle pour des dogmes inintelligibles, en les scellant de leur sang et quelquefois en répandant celui des autres. Combien d'exemples de *Séïdes* religieux ! ...... et pourra-t-on de bonne foi citer un *Séïde philosophe* ? ...... (1)

En voilà assez pour démontrer que, dans le sens réel, le mot *fanatiques* ne peut s'appliquer qu'à certains sectaires d'une religion basée sur la croyance de dogmes incompréhensibles, qu'il est défendu de passer au creuset de la raison ; et qu'il

---

(1) Ces deux mots impliquent une telle contradiction pour celui qui sait sa langue, et qui connaît les idées qu'expriment les mots, que, sous peine de l'ignorance la plus crasse, ou de la plus insigne mauvaise foi, il est impossible de les amalgamer ensemble.... Je sais bien que dans la langue de J.-F. Laharpe, ces deux mots incompatibles par leur nature, expriment dans son ouvrage anti-philosophique, l'idée de l'existence d'un pareil monstre.... Mais, c'est précisément contre cet absurde langage qu'est dirigée cette réponse....

ne doit jamais s'appliquer aux partisans de la *Philosophie*, qui ne repose que sur le raisonnement. (1)

Que Jean-François Laharpe cesse donc de distribuer l'épithète de *fanatiques* aux Philosophes anciens et modernes ! qu'il cesse de les ravaler au point de leur faire jouer les rôles de *superstitieux*, d'*enthousiastes* et d'*exaltés*, dans les différentes sectes dont ils ont été les fondateurs ! qu'il cesse de les poursuivre du fouet sanglant de la calomnie, ou, sous peine d'en être frappé lui-même, qu'il nous montre dans l'histoire des temps passés et modernes, les bûchers élevés, les massacres commis, les tribunaux d'inquisition établis au nom de quelques sectes philosophiques, contre des sectes rivales ! (2)

____

(1) *Fanatique* se dit aussi figurément, comme le remarque judicieusement J.-F. Laharpe *de tout excés dans un sentiment bon et louable en lui-même* : ainsi, on peut dire : *fanatique de gloire, fanatique de patriotisme ;* car la gloire et le patriotisme sont des sentimens. Mais on ne dira jamais, et on ne peut pas dire : *fanatique de Philosophie* ; car la *Philosophie* n'est pas un sentiment, c'est bien plutôt la recherche des causes qui les font naître dans nos cœurs, et des effets qui en sont la conséquence.

(Cette remarque n'est que pour le grammairien J.-F. Laharpe.)

(2) Dans l'ancienne Grèce les péripatéticiens, les stoïciens, les épicuriens, les pythagoriciens, et tant d'autres Philosophes de différentes sectes, habitaient souvent la même ville ; et quelque petite qu'elle fût, a-t-on jamais vu les chefs de ces écoles exciter les peuples à la guerre civile, les porter à s'entr'égorger, et sceller de leur sang les vérités qu'ils leur enseignaient ? Non. Toutes leurs guerres, s'ils s'en livraient quelquefois entr'eux, se bornaient à des plaisanteries, des sarcasmes ou des brocards qu'ils se lançaient réciproquement. Le poëte Aristophanes fut le seul qui, par l'abus la

L'histoire n'offrira pas de pareils exemples à Jean-François Laharpe. Mais il se retranchera à vous dire : *Les Philosophes ont débité beaucoup d'erreurs et d'erreurs scandaleuses : il n'est pas prouvé qu'elles n'aient fait aucun mal aux hommes.* Je réponds à ce sophisme : Toutes les erreurs, même les plus scandaleuses, débitées par les Philosophes, loin d'avoir été nuisibles aux hommes, leur devinrent généralement utiles....... Quelques-unes fûrent le gage de la découverte des vérités qui leur étaient opposées ; et en morale comme en physique, il n'y a peut-être pas une seule de ces erreurs qui n'ait immédiatement influencé cette découverte. (1)

____

plus scandaleux de l'art enchanteur des Orphées et des Pindares, immola sur l'autel de la calomnie le plus vertueux et le plus sage des Grecs. Un écrivain qui n'aurait que la méchanceté, l'hypocrisie et la profession d'Aristophanes, sans en avoir les talens, aspirerait-il à s'immortaliser par l'assassinat juridique de quelque moderne Socrate ? Cette homicide renommée serait digne de son génie étroit et de son cœur atroce.

(1) En physique, le système de la rotation du soleil autour de la terre, accrédité pendant un si grand nombre de siecles quoiqu'erroné, a probablement été cause de l'application qu'en a faite à la terre le célebre et trop malheureux Galilée ; et peut-être, si *l'erreur* contraire n'eût pas été réduite en systême avant ce grand homme, nous serions encore à savoir si nous tournons autour du soleil, ou si cet astre tourne autour de nous. On en peut dire autant des tourbillons de Descartes, dont *l'erreur* donna au sublime Newton l'idée de dérober au créateur de l'univers le système de l'attraction des corps.

En morale, je n'excepterais pas même l'athéisme, doctrine la plus desolante qui puisse exister, et je n'hésiterais pas à avancer que si le systeme de l'existence d'un dieu n'était pas préexistant à l'erreur de sa non-existence, l'athéisme réduit en systême par un écrivain, n'eût fait éclore aussitot la vérité qui lui est opposée, celle de l'existence d'un dieu.

J.-F. Laharpe ajoute, en parlant des Philosophes: *Et s'ils n'ont pas troublé la terre, c'est qu'ils ne l'ont pas pu.* S'il avait dit: *c'est qu'ils ne l'ont pas voulu,* il aurait dit la vérité. Qui s'opposait en effet à ce que les Philosophes troublassent la terre? Le seul but qu'ils voulaient atteindre par le secours de la raison, la recherche des vérités utiles aux hommes.

Ils sentaient bien que, voulant les éclairer par les seules lumières de la raison, ile n'avaient pas besoin que les flâmes des bûchers leur prêtassent leurs clartés; et ils rejettaient loin d'eux tous moyens violens d'assujettir les hommes à la croyance des vérités qu'ils leur annonçaient. Qu'eûssent-ils fait, s'ils avaient voulu troubler la terre? Ils eûssent, à l'instar des Moyse, des Zoroastre, des Confucius, des successeurs de Jesus, des Mahomet et de tant d'autres, établi parmi ces vérités, un système *de vérités incréées,* pour lesquelles ils eûssent commandé une foi aveugle; ils eûssent enveloppé ces vérités de mystères, de rits et de cérémonies, mieux accommodées aux sens de la majorité des hommes, que des vérités crues établies sur un simple raisonnement; ils eûssent enfin parlé à l'imagination pour étouffer la raison. Ils ne l'ont pas fait et ils le pouvaient, car ils en avaient tous les moyens: donc ils ne l'ont pas voulu: donc J. F. Laharpe les a calomniés.

Un exemple vient à l'appui de cette opinion:

Jefferson, en Virginie, a fait décréter la liberté de prêcher l'athéïsme, dans la persuasion que le peuple ne pourrait jamais l'entendre.

Mais, poursuit-il, en apostrophant toujours les Philosophes, *vous n'oserez par nier que ce ne soit votre Philosophie qui ait fait la révolution...... Et que conclud de là notre paradoxal écrivain !...... Que les Philosophes se récrient, que l'accusation est injuste ; qu'on a horriblement abusé de leurs principes ; qu'on a été beaucoup plus loin qu'ils ne voulaient aller......*

Que l'accusation soit injuste, c'est ce qu'on verra démontré dans tout le cours de cette réponse. Mais que les Philosophes ajoutent, dans la langue de J.-F. Laharpe : *Qu'on a horriblement abusé de leurs principes ; qu'on a été beaucoup plus loin qu'ils ne voulaient aller*, c'est ce qu'ils auront *l'impudence Philosophique* et *révolutionnaire* de désavouer. Non : ils ne lui accorderont jamais que les excès révolutionnaires, de quelque genre qu'ils soient, puissent être même un *abus* des principes philosophiques ; ils ne lui accorderont jamais que la Philosophie, qui n'existe que par les lumières, puisse ceindre son front du bandeau de l'ignorance ; ils ne lui accorderont jamais que la Philosophie puisse avouer pour ses partisans, les incendiaires des dépôts des connaissances humaines (1), les destructeurs des monumens des arts (2), les égor-

---

(1) Allusion à un discours du vandaliste Henriot aux cordeliers : il conclut par demander l'anéantissement des bibliothèques, sous prétexte que des hommes libres n'avaient pas besoin de livres.

(2) Entr'autres monumens devenus la proie de l'ignorance la plus barbare,

geurs

geurs d'un *Lavoisier*, d'un *Vergniaud*, d'un *André Chénier*, d'un *Roucher* et de tant d'hommes éclairés, que le Vandalisme seul a offert en holocauste à la stupidité.

Les Philosophes, à l'exemple du législateur des chrétiens, prêchent l'humanité, la sensibilité, la pitié, l'amour du prochain et toutes les vertus morales : il y a cette seule différence entr'eux et les ministres de la religion du Christ, que les premiers ne cessent de recommander à tous les hommes la *tolérance*, cette vertu renfermée sans doute dans le sein de la divinité ; tandis que les seconds qui auraient dû la dérober aussi à la morale sublime de leur maître, n'ont cessé de prêcher à leurs néophytes la plus affreuse intolérance. (1)

---

qu'on se rappèle le superbe cheval de bronze qui existait à la place de la révolution; sans doute c'est au cavalier qui le montait qu'il a dû sa destruction! Mais la justice nationale ne pouvait-elle donc se concilier avec le respect dû aux arts ? et en abattant le cavalier, et laissant le cheval intact, n'était-elle pas encore plus satisfaite ? Quelle belle allégorie serait aujourd'hui ce cheval démonté sur le piédestal de marbre qui le portait ! Comme il représenterait bien mieux la liberté que cet amas informe de plâtre, représentant à peine une figure humaine, bien loin de rendre les traits de la divinité des français !

Passez à tous les instans du jour aux pieds de cette statue, vous entendrez continuellement des épigrammes, que ne justifient que trop le mauvais goût, la forme et la matière de cette statue.

(1) *Hors de l'église point de salut :* dogme trop cruel et trop sanguinaire, pour qu'il soit possible de le faire émaner du code de morale du Philosophe le plus doux qui ait peut être existé jusqu'à présent : c'est à ce dogme inventé par les prétendus ministres du christianisme, que l'on doit attribuer toutes

B

De là cette propension naturelle pour certains *catholiques*, à un *excès de zèle*, *d'enthousiasme* ou de *superstition*, ce qui n'est autre chose que le fanatisme, dans la langue de notre auteur lui-même, et l'impossibilité que la Philosophie, qui s'appuie toute entière sur la tolérance, puisse avoir des fanatiques pour sectateurs. En deux mots, le catholique romain professe une religion *exclusive*; et par cela seul, est susceptible de fanatisme : le Philosophe, au contraire, ne recherche que la vérité par les seules lumières de la raison : il peut se tromper, mais il avoue sa faillibilité ; et par cela seul, il est incapable de fanatisme.

J'ai défini la Philosophie ; et ma définition est celle de tous les auteurs qui ont écrit jusqu'à ce jour sur ce sujet si fécond et non épuisé : vous croyez bien que cette définition n'est pas celle de J.-F. Laharpe. Voyons donc ce qu'est la Philosophie dans la langue de cet ex-académicien.

»La Philosophie est la profession de l'athéisme, »de l'irréligion, de l'impiété : elle inspire à ses

---

les guerres de religion qui ont ensanglanté la scène du monde. J.-F. Laharpe prétend que la France était guérie depuis long-tems de la manie de ces guerres, de manière à n'en avoir plus rien à craindre. Je l'attends à l'endroit de son ouvrage où il est question de la guerre de la Vendée ; et nous verrons si cette plaie, ou plutôt ce cancer religieux était si bien fermé. Il annonce ensuite, sans en fournir une seule, des preuves innombrables du fanatisme de l'irréligion portée à un excès d'intolérance et de fureur dans les écrits des Philosophes. Je suis dispensé de répondre à cette allégation dénuée des preuves qui sont annoncées.

»partisans la haîne de toute autorité légitime , le
»mépris de toutes les vérités morales , la destruc-
»tion de tous les liens de la société : voilà la Phi-
»losophie. »

Je terminerai cette réponse au premier paragraphe de l'écrivain que je réfute , en empruntant ses propres paroles : *Je ne crois pas qu'il s'a-
vise de me contester rien sur cette définition , si
exactement la sienne dans tous ses points. Je l'acca-
blerais trop aisément du poids de son ouvrage tout en-
tier , en citant à l'application de chaque article des
passages sans nombre.*

A l'égard de l'objection à laquelle il répond
d'avance , sur la distinction sophistique qu'il éta-
blit entre les Philosophes et les *écrivains qui se
disent Philosophes* , dans sa note de la page 4 de
son ouvrage , je prie le lecteur de se souvenir de
la manière dont j'y ai répondu , dans la note
qu'on ne peut se dispenser de lire en tête de cette
réponse.

I I.

Notre auteur donne relâche à ses fureurs contre les Philosophes : sa plume s'égare même jusqu'à
rendre hommage à Mirabeau , que la Philosophie
réclame comme un de ses plus zélés partisans.

La vérité lui a commandé cet aveu : je ne l'en

remercierai pas au nom de Mirabeau ; il y a des éloges qui dispensent de toute reconnaissance.

Je ne combattrai *les phénomènes de démence , d'impudence et d'atrocité*, dont il se plaint , que lorsqu'il se permettra d'assigner la Philosophie pour cause même occasionnelle de ces phénomènes. Il n'a pas osé cette fois en accuser les Philosophes, c'est m'autoriser à n'y pas répondre. (1)

I I I.

Je l'ai promis à l'écrivain que je réfute , tant qu'il n'accusera pas nominativement les Philoso-

---

(1) Je répondrai cependant à sa note de la page 13 qui nous donne la généalogie des ouvrages qu'il a sur le chantier de l'histoire et de la poësie : » Si la poësie peut seule , grâces à la mémoire et à l'imagination , imprimer » en traits profonds et durables toute l'horreur et tout le mépris que méritent » les crimes révolutionnaires » comme le dit J.-F. Laharpe, il avouera aussi qu'un poëte faisant parler dieu par la bouche d'un prophète, pour annoncer les malheurs de la France, doit pour empreindre ses vers dans la *mémoire*, les jetter avec ce désordre pindarique qui annonce la présence et le langage du prophète. Notre poëte , dans les quatre vers cités dans sa note , met-il le lecteur en tête-à-tête avec l'inspiré ? Non. Le prophète, des le quatrieme vers , disparait pour faire place a ces jongleurs de foire qui , dans les carrefours , montrent la *lanterne magique* : leur phrase vulgaire est : *venez voir ce que vous n'avez jamais vu.*

J.-F. Laharpe dit dans les quatre vers suivans , non moins plats que cette prose de boulevard :

> » Tout ce peuple enivré *du vin de ma colère* ,
> » Va parler une langue aux humains étrangere ,
> » Un langage inoui , créé pour ses forfaits ,
> » Et le monde verra ce qu'il ne vit jamais. »

Avoir remis ces vers sous les yeux des lecteurs , c'est en avoir fait la meilleure critique , et avoir prouvé que leur auteur est loin de devenir un Isaïe dans la carriere religieuse et prophétique qu'il vient d'embrasser.

phes des atrocités révolutionnaires , je ne répondrai pas ; car je n'ai pris la plume que pour la défense de la Philosophie.

Dans ce paragraphe , il fait retomber la proscription en masse des prêtres , non seulement
sur *Robespierre* , mais sur toute la *faction domi-
natrice.* La tolérante Philosophie abandonne , de
concert avec notre auteur , les honneurs exclusifs
de cette proscription affreuse , aux féroces et sanguinaires satellites du triumvir Robespierre et de
ses collègues. Mais quand elle a à pleurer des at-
tentats aussi horribles et peut-être plus sanglants
exercés contre ses plus fermes soutiens , il est dérisoire , il est monstrueux à J.-F. Laharpe de désigner, dans la suite de son ouvrage , la Philosophie et les Philosophes , comme les causes nécessaires de forfaits atroces dont ils ont été les
premières victimes.

I V.

Nous voilà arrivés à la guerre de la Vendée ;
à cette guerre que notre auteur a l'imprudence
d'appeler *légitime , guerre de droit naturel* ; à cette
guerre que des *rebelles* intérieurs ont fomentée
et attisée au foyer du fanatisme d'une religion
qui , dans son code sacré , recommande à ses zé-
lateurs l'oubli des injures, la soumission la plus
absolue au Gouvernement , et sur-tout l'horreur

de l'effusion du sang humain ! Par quel renversement d'idées et de principes , par quel abus de
l'art d'écrire , ces *rebelles* , reconnus tels de leur
propre aveu , se trouvent-ils transformés, sous la
plume de J. F. Laharpe , en honnêtes citoyens ,
défendant *ce que tous les hommes ont de plus cher et
de plus sacré , leurs foyers , leurs temples , leur
culte , les tombeaux de leurs pères ?* Et sur-tout ,
pouvait-on pousser plus loin la mauvaise foi que ne
l'a fait notre auteur , en affirmant que tel était le
résultat des aveux du Gouvernement français ,
quand il a fait sa paix avec les rebelles ? Quoi !
parce que le doux nom de *frères* a été substitué a
celui de *rebelles* , pour désigner des hommes qui
cessaient d'être des *rebelles* et redevenaient nos
frères , nous avons avoué que c'était à nous, et
non à eux, qu'appartenait cette épithète infâme ?
Quelle logique ! et quand on raisonne ainsi , on
ose écrire l'histoire !

Les Vendéens défendaient, dites-vous, ce que
tous les hommes ont de plus cher et de plus sacré.
Mais leurs foyers étaient-ils menacés ? leurs temples souillés ; leurs autels renversés ? les tombeaux
de leurs pères étaient-ils outragés , quand, le 10
mars 1793 , ils firent éclater avec tant de fureur,
le premier signal de ces discordes civiles ?

Avez-vous oublié, J.-F. Laharpe , ou plutôt
feignez-vous d'oublier que l'inexécution du décret
sur le recrutement des 300,000 hommes a été la

premiere étincelle de cette guerre criminelle , dont
le germe, il est vrai, était fomenté depuis plus
d'un an , par les ministres égarés du catholicisme , et dont l'éruption ne fut arrêtée momentanément que par les représentans Gensonné et
Gallois , qui y furent envoyés en mission par l'Assemblée législative.

Si vous persistez dans cette ignorance , si commode à votre fanatisme , jettez les yeux sur tous
les manifestes de cette armée de *rebelles* , depuis
qu'elle eut une existence militaire , vous y lirez
ces mots :

ARMÉE CATHOLIQUE ET ROYALE.

Mots terribles , qui vous donnent le démenti
le plus formel ! Jettez les yeux sur les décorations
des soldats et des officiers qui les commandaient:
vous y verrez des *crucifix* , des *vierges* , des *ma-
dones* , des *effigies royales* ! Jettez les yeux sur
toutes ces tours où flottaient successivement le
drapeau *tricolor* et l'oriflamme *blanche* , suivant les
succès des armées royale ou républicaine ; et
dites-nous si ces honnêtes citoyens, que vous avez
dépeints comme défenseurs de leurs droits les plus
sacrés , n'étaient pas de véritables rebelles ?

Et , au nom de l'Évangile , vous avez osé re-
vendiquer la guerre de la Vendée , comme une
des plus atroces persécutions suscitées contre la
religion chrétienne et ses ministres ! .... vous a

qui, dans l'ardeur nouvelle dont **vous brûlez** pour
son culte, devriez gémir et verser des larmes de
sang sur ces prêtres coupables, qui furent seuls
les provocateurs de cette horrible guerre ! vous,
qui devriez, pour ces ministres égarés, endosser
le cilice du remords et du repentir ! vous enfin,
qui, à l'exemple de ces pontifes éclairés du culte
catholique, auriez dû dans votre écrit, placer la
guerre de la Vendée à côté des massacres des Albigeois et des guerres de la Ligue, comme le
monument le plus sanglant du fanatisme de la religion chrétienne !..

Et J.-F. Laharpe ose invoquer l'histoire comme
justice contemporaine ! et il ose appeler à lui la
poësie, pour présenter à nos regards le hideux
tableau de la guerre de la Vendée ! Eh bien ! qu'il
s'arme du burin de l'histoire, qu'il saisisse les
pinceaux de la poësie ! et s'il est fidèle à la vérité, qu'il grave sur les pages de l'histoire, les
villes détruites, les massacres commis, les prisonniers égorgés au nom de *Jesus*, que les Vendéens osaient invoquer pour présider à leurs
crimes ! Qu'il promène les yeux épouvantés de ses
lecteurs, sur ce *monceau de cendres trempées dans
le sang* des royalistes et des républicains, et qu'il
en assigne, comme principale cause, le fanatisme
d'une religion qui, depuis dix-huit cents ans,
fait couler, chaque siècle, des torrens de sang
humain, pour amalgamer avec cet odieux ciment

les dogmes les plus erronés à la morale la plus pure , et qui leur est le plus opposée ! (1)

Si , embrasé du feu sacré de la poësie , il veut consacrer dans ses chants les souvenirs désastreux de ces discordes religieuses et politiques , qu'il saisisse la lyre d'Alcée ! qu'il chante les forfaits des mauvais prêtres ! qu'il les dépouille de la peau de brebis dont ils se sont couverts ! qu'il nous les peigne , faisant servir l'autel de marche-pied à l'orgueil vaniteux des nobles et au pouvoir despotique des rois ! que dans un prophétique délire, il nous fasse voir ces auxiliaires des puissances nobiliaire et royale , devenus d'abord leurs rivaux,

---

(1) Lisez dans Nicéphore et Paul , diacre , l'histoire du schisme sanglant occasionné dans l'église romaine par l'élection de S.t-Symmachus, au moment ou Laurent et Pierre, Évêque d'Attin, lui disputèrent le saint siège. » Alors , » disent ces auteurs, de part et d'autre le carnage fut horrible, la plus grande » partie des prêtres et un nombre immense de citoyens romains fut massacré, » le sang ruisselait dans les rues de Rome , et, ajoute Sabellic , les vierges » sacrées furent violées et égorgées. Les proscriptions de Marius et de Silla » ne furent pas plus barbares. »

L'élection de Paul premier, quatre-vingt-quatorzième pape , et les pré-tentions de Théophilacte au trône de Rome , donnèrent naissance au quin-zième schisme qui a rougi la chaire pontificale. Qu'on lise toutes les lettres de ce Paul à Pépin, roi de France , on verra dans la vingt-troisième qu'il *le prie de lui faire l'honneur de tenir sur les fonds de baptême un fils qui lui était né depuis quelques jours.* Dans toutes on verra, ce chef suprême d'une église de paix , exhorter le prince français à guerroyer puissamment les Lombards , à employer le *fer* et le *feu* contre les impériaux et les grecs qui menaçaient Ravenne et les possessions de la cité sainte...

Qu'on parcoure enfin les fastes des papes depuis le commencement de l'ère chrétienne , on y trouvera une série, presque continue , de schismes qui ont ensanglanté la métropole du monde chrétien.

terminer leur homicide et fastueuse carrière par le massacre des nobles et la déposition des rois ! (1)

Qu'il nous fasse entrevoir, dans un avenir dont il soulève le voile, quelque nouveau Grégoire, Alexandre ou Borgia, assis sur la chaire pontificale, faisant faire à ses pieds amende honorable aux souverains de l'Europe, et disputant, avec Charles IX

---

(1) Voyez Villani, Guadelfin, Fazell, l'historien de Naples, tous disent que Charles d'Anjou retint prisonniers pendant un an, Conradin et le duc d'Autriche, et qu'il demanda au pape ce qu'il en devait faire. Le barbare lu manda : *la vie de Conradin est la mort de Charles, la mort de Conradin est la vie de Charles.* Jeu de mots le plus atroce qui ait jamais été tracé par une plume ! Ce cruel avis du pape fut suivi le 26 octobre 1268, l'infortuné Conradin et Frédéric d'Autriche furent décapités dans la place publique de Naples : le jeune duc d'Autriche fut exécuté le premier ; Conradin ramassa sa tête, et reçut en la baisant le coup de la mort !.... Tous deux avaient à peine dix-huit ans. Après **eux**, onze des plus distingués de Suave et d'Italie subirent le même sort !...

Encore un assassinat de deux princes commandé par le pontife Sixte **IV**, et exécuté par ses ordres avec les circonstances les plus horribles. Ce pape voulait se rendre maître de Florence pour la donner à son frère Jérôme. Laurent et Julien de Médicis étaient un obstacle à ses projets : il engage les Pazzi à *assassiner* les Médicis. Pour enhardir les conspirateurs, il envoie Raphaël Riero, Cardinal, à Florence. *Un dimanche*, tout étant préparé, Laurent et Julien de Médicis se trouvent *à la messe*, **que** célébrait exprès pour les y attirer, l'horrible cardinal ; il était convenu qu'au moment qu'il leverait l'hostie, ils seraient poignardés tous deux : Julien est renversé **roide mort sur** la place ; Laurent blessé s'échappe dans la sacristie et s'y enferme.

Enfin, un S.t-Zacharie, au rapport d'Aimonius, par son autorité **divine** et absolue, *commande que Pépin soit déclaré roi des français ;* et cette même année il fut *sacré suivant son ordonnance par Boniface, Archévêque de Mayence ; les peuples déliés de leur serment, et Chilpéric dégradé !*

et Sardanapale, de crimes atroces et de honteuses infamies ! (1)

Qu'il célèbre avec horreur le machiavélisme du cabinet de S.-James ! qu'il présente à la postérité stupéfaite , un forfait inconnu jusqu'alors : un ministre anglais, le fils de Chatam , vomissant cinq mille victimes sur la presqu'isle de Quiberon , et les envoyant à une mort certaine ! ....

Voilà des faits dignes de la plume d'un historien et de la lyre d'un poëte ; et puisque J.-F. Laharpe se déclare l'un et l'autre , nous attendons de ses doubles talens qu'il n'écrira ou ne chantera que la vérité. .... S'il en était autrement. .... Qu'il tremble ! .... L'histoire et la poësie le poursui-

---

(1) Lisez dans Agrippa, auteur contemporain de Sixte IV, le portrait qu'il nous a laissé de ce pontife, qui remettait au nom de Dieu, *pour de l'argent , les assassinats, les empoisonnemens , les parricides !....* »Entre les indignes »débauchés de ces derniers tems , dit cet écrivain, fut remarqué Sixte IV, »qui construisit à Rome un *bordel noble et public ; il fournissait des filles* »*à ses amis et à ceux dont il était content , ayant dans sa propre maison* »*une bande de prostituées... Les courtisannes de Rome lui paient par chaque* »*semaine un jules...*J'ai entendu, ajoute-t-il , faire le compte du revenu d'un »bénéficier; il a, disait-on, une cure de vingt ducats, un prieuré de quarante , »*et trois putains au bordel qui lui rendent chaque semaine vingt jules....* »

Pour achever ce tableau dégoûtant, je transcrirai les propres paroles de Wessalus de Groningue, docteur en theologie , dans son livre des indulgences pontificales :

»A la requête, dit-il, de Pierre Reiro , Cardinal et patriarche de Cons- »tantinople , de Jérôme son frère , et du cardinal de S.te-Luce , le pape »Sixte IV *permis d'exercer la sodomie , pendant les trois mois les plus* »*chauds de l'année , juin , juillet et août* , avec cette clause : *fiat ut petitur;* »*soit fait comme il est requis.* »

(28)

vront comme faussaire , devant le tribunal de la
postérité.

———— ⟡ ————

V.

VOILA des faits que notre auteur n'ignore sûrement pas , mais qu'il a l'adresse de présenter à
ses lecteurs comme des *fables atroces et extravagantes contre le fanatisme de ces malheureux Vendéens* ; et il a raison : il lui était utile de montrer
les républicains aggresseurs , dans une guerre
dont les prêtres seuls ont jetté le brandon sur une
des plus belles parties de la France.

Il ne se borne pas à cette calomnieuse allégation :
il ose faire une réplique fort simple et concluante à
ses adversaires , en leur disant : *Tout ce que vous
dites est faux , car c'est vous qui le dites.*

Avouez qu'il est commode d'effacer ainsi , d'un
trait de plume et par un démenti non prouvé ,
toutes les objections , tous les faits dont ils viennent de vous accabler. Ne pourraient-ils pas avec
autant de justice , vous renvoyer l'accusation que
vous avez dirigée contre eux ? Mais j'oubliais que,
dans la langue de J.-F. Laharpe , *rétorquer n'est
pas répondre* , est un axiome sacré ; je ne l'en-
freindrai pas contre lui-même. Ce sera ma seule
réponse à son prétendu *démenti formel.*

Un de nos poëtes a dit :

» Le vrai peut quelquefois n'être pas vraisem-
blable.»

Voyons si les vraisemblances , dont notre auteur appuie son *démenti formel* , ont quelque faible apparence de vérité. Les avoir basées , comme il l'a fait , sur des allégations non prouvées et sur un propos qu'il prétend avoir tenu , à cette époque , *à tous ceux qui le connaissaient* , sans en nommer aucun ; propos qui , d'ailleurs , quand sa vérité serait démontrée , ne prouverait rien , absolument rien ; n'est-ce pas avoir convaincu les lecteurs de la futilité ou plutôt du néant de *ses vraisemblances* ?

Ses considérations sur la nature des choses , ne sont ni plus profondes , ni plus heureuses pour la cause qu'il défend : elles portent toutes sur une supposition , dont j'ai fait voir l'absurde fausseté dans le paragraphe précédent. Notre auteur raisonnerait conséquemment , et ses *considérations* seraient de quelque poids , si les Vendéens *n'eûssent pris les armes que pour la défense la plus légitime :* mais , de leur aveu même , ils ont été les aggresseurs, au nom de la rébellion aux lois ; de leur aveu, consigné dans leurs premiers manifestes, ils ont composé une armée *catholique* et *royale* , non pour se défendre , mais pour attaquer le nouvel ordre de choses , adopté par la majorité des Français ; et les *considérations* sophistiques de J.-F. Laharpe viennent encore s'anéantir devant les faits historiques et suivre le sort de ses puériles *vraisemblances*.

Enfin , le résultat de ses informations exactes ,

depuis la cessation de cette horrible guerre, lui donne, en faveur des Vendéens, *un témoignage des personnes les plus dignes de foi.*

Mais où est consigné ce *témoignage?* Quel monument historique le renferme? C'est ce que vous omettez sciemment de nous désigner, J.-F. Laharpe. Quels sont les noms de ces *témoins si dignes de foi?* On les cherche vainement dans les pages infidelles de votre écrit si séduisant.... Et vous prétendez être cru sur parole? Et quand vous avancez des faits aussi importans, dénués de toute espèce de preuves, et même du nom d'un seul de ces innombrables témoins, vous ne rougissez pas d'imposer à des lecteurs trop bénévoles le joug de la plus absurde crédulité !

Oui, cette guerre de la Vendée sera, comme vous le dites, *un des épisodes les plus intéressans de l'histoire de la révolution ; et vous n'imposerez pas silence à l'histoire ! C'est elle qui dira,* avec quel art un la *Roierie* en avait dirigé tous les fils dans un plan profond digne d'une meilleure cause; *c'est elle qui dira,* avec quels talens militaires un d'*Elbée* a conduit des brigands à la victoire et l'a pour ainsi dire organisée sous leurs drapeaux, toutes les fois qu'on ne s'est pas écarté de son système.

Mais elle dira aussi cette histoire qui ne doit cacher aucune vérité ; elle dira avec quelle astucieuse hypocrisie, des prêtres, au nom d'un Dieu

de paix, ont attisé cette guerre, à la fois religieuse
et politique ; elle peindra ces ministres pacifiques,
armés d'abord de chapelets et de crucifix , cou-
rant les campagnes , excitant les paysans à la révolte, bientôt transformés en guerriers fanatiques,
ceints du glaive meurtrier, revêtus de la cuirasse,
couverts du casque sanglant, affrontant l'horreur
des combats, et immolant leurs frères dans les
champs de la destruction.

Voilà en mignature le tableau que nous tracera
l'histoire, sous la plume du moderne Tacite qui
écrira la guerre de la Vendée; et sans doute il appré-
ciera cette paix qui l'a terminée, et sur laquelle J.-
F. Laharpe jette le voile de la plus perfide défaveur.

V I.

Loin de moi l'idée de justifier les atrocités commises contre les ministres du catholicisme. Ce n'est
pas le défenseur des Philosophes qui se rendra
coupable du plus grand de tous les crimes : de
l'intolérance religieuse !.. La carabine du fanatique
Charles IX , frappant de mort les partisans d'une
secte rivale s'échappant à travers les flots de la
Seine , et la bûche de septembre, assommant des
prêtres emprisonnés dans Paris , me font une égale
horreur !

Mais le mot de Tacite que J.-F. Laharpe applique
à toutes les puissances *révolutionnaires* , ne peut-il

pas se graver avec un peu plus de justice sur le frontispice de la chaire pontificale ? *Pavebant terrebantque ; ils tremblaient et faisaient trembler !* N'est-ce pas en deux mots l'histoire des pontifes romains depuis Céphas jusqu'à Pie VI ? La peur et la terreur ne sont-elles pas les deux seules divinités auxquelles ils aient sacrifié ? N'est-ce pas à ces deux Euménides que dix-huit siècles sont redevables d'une série non interrompue de forfaits inouïs ? Et J.-F. Laharpe ose demander, avec la bonne foi qui semble le caractériser, *ce qu'on craint encore dans des prêtres dépouillés et dévoués, sans aucune espèce de défense, au glaive de la proscription ?* Ce qu'on craint encore !... Des ministres d'une religion dont ils ont foulé aux pieds la morale dès son berceau ! des ministres intolérans par nature, et dès l'établissement de leur secte martyrs, non pas de la religion qu'ils prêchaient (1), mais de cette intolérance elle-même ! des ministres pauvres et dénués des premières choses nécessaires à la vie, devenus en peu de tems, et contre les préceptes de

---

(1) Dès l'an 119 S.t Sixte premier, huitième pape, fut condamné comme *perturbateur du repos public*, pour avoir, dit un saint auteur, voulu annoncer la foi et la religion par ses publiques prédications, par ses œuvres et par tous autres devoirs et actes dignes d'un ardent et zelé prélat.

S..-Thélesphore qui lui succéda eût plusieurs démelés avec les pontifes de la religion des romains qui l'exhortaient à la *tolérance* : mai *lui*, disent Damase, Anastase, Platina, *ne pouvant endurer le culte que les payens rendaient à leurs idoles*, il encourut la haine des Juges et des sacrificateurs, » et reçut la couronne du martyr. »

leur

l'évangile, les riches les plus déhontés (1)! Ce qu'on craint encore? Des ministres d'une religion fondée sur l'humilité, de vagabonds qu'ils étaient, transformés tout-à-coup en Évêques, d'abord soumis aux Empereurs, bientôt leurs rivaux, enfin leurs juges suprêmes (2)! des ministres prédicateurs ardens

----

S.t-Pontian, dix-neuvième pape, après son ex'l en Sardaigne, s'enhardit à *prêcher la révolte contre les lois, contre les pontifes romains*; ce qui le fit périr du dernier supplice.

S.t-Anthère son successeur, au rapport d'Eusèbe, d'Optat, d'Augustin, de Damase, ne put s'empêcher *d'attaquer les pontifes romains, de vouloir élever sa sainte doctrine sur leurs débris*; et ils ajoutent qu'ayant été saisi par ordre de l'Empereur, *son procès lui fut fait et parfait* par Vitellius, préfet, et Sabinus, prévost de la ville, un mois après son apostolat.

Et voilà les premiers propagateurs, voilà les tolérans martyrs de la plus douce des religions !...

A tous ces témoignages historiques, j'ajouterai celui d'Origènes qui, dans son livre trois contre Celse dit : *il est mort peu de chrétiens pour la religion.*

(1) Vigilius, soixantième pape, avait promis à Bélisaire *deux cents marcs d'or*, s'il voulait l'aider à chasser Sylvérius, assis alors sur la chaire pontificale.

Libérat, archi-diacre de Carthage, rapporte à ce sujet, que Bélisaire l'ayant sommé de tenir sa promesse, il lui répondit : » *Je ne peux, si tu ne* » *me livres Sylvérius* qui était revenu en Italie. Alors, Bélisaire le lui livre » et l'envoie à Palmarie, où il meurt de faim, et aussitôt Vigilius lui compte » *les deux cents marcs d'or.* »

Deux cents marcs d'or pour payer la place de vicaire, de celui qui n'avait pas ici bas où reposer sa tête !....

(1) Ici, c'est un Simplicius qui, dès l'an 468 de l'ère chrétienne, refuse insolemment à l'Empereur Léon de lui accorder, suivant le concile de Calcédoine, la primauté de l'église de Constantinople sur celle d'Antioche; là, S.t-Felix III, son digne successeur, lance un arrêt d'excommunication *contre tous ceux qui obéissaient à un édit de Zénon*, et témoigne une joie lâche, indécente et barbare à la nouvelle de la mort de cet Empereur; plus loin, S.t-Gélase premier veut persuader au sénat et au peuple romain de ne point reconnaître Anastase pour Empereur de Constantinople; enfin c'est un Alexandre III, qui impose à l'Empereur Frédéric Barberousse, la cérémonie la plus vile et la plus outrageante. D'abord, l'inflexible pontife ne veut point l'absoudre de l'excommunication, qu'auparavant il ne se soit présenté à lui

d'une chasteté outrée , d'abord époux légitimes, depuis célibataires contre nature , enfoncés dans la fange de la dissolution la plus crapuleuse , livrés à tous les débordemens de la débauche la plus infâme ; en même tems adultères et incestueux rivaux de leurs frères , violant leurs propres sœurs , leurs filles et leurs mères !.... (1)

----

au portail de l'église de S.t-Marc à Venise ; il obéit : là , l'Empereur sans manteau , sans couronne , une baguette de bedeau à la main ; le pape la thiarre sur le front, lui commande de se jetter la face contre la terre , en présence de tout le peuple assemblé , et de lui demander pardon ; étant ainsi étendu à ses pieds , Alexandre lui en met un sur la gorge , et le pressant , il s'écrie : *super aspidem et basiliscum ambulabis , et conculcabis leonem et draconem*, c'est-à-dire , *tu marcheras sur l'aspic et le basilic , tu ecraseras le lion et le dragon.* Ce n'est pas à toi , mais à Pierre que j'obéis , répondit l'Empereur. *Et mihi et Petro , et à moi et à Pierre ,* répliqua le pape , en foulant plus fort. Frédéric ainsi dégradé se tut et fut absous.

Apres ce qu'on vient de voir de l'abjection de Barberousse , on sera peu surpris que *Henry III , roi d'Angleterre , ait tenu la bride du cheval d'un Légat de cet Alexandre ,* envoyé dans ce royaume , pour informer du meurtre de Thomas Béquet , archévêque de Cantorbéry , et quoiqu'il n'y eût aucunes preuves que Henry eut trempé dans l'assassinat , parce qu'il avait prononcé étant en colere quelques paroles qui pouvaient avoir enhardi les vrais coupables , Alexandre exigea qu'il fût , *le corps nu , battu de verges , et qu'il reçût de tous les moines assemblés , cinq coups de fouet ,* avant d'obtenir l'absolution.

(1) Lisez dans Guichardin , les atrocités auxquelles se livra l'exécrable cardinal César Borgia , *fils* de l'infâme Alexandre VI , voyant avec une jalousie impitoyable les préférences de son pere pour le duc de Candie , son frere aîné , et Lucrece leur sœur commune , *leur maitresse incestueuse ;* une nuit , après avoir soupé ensemble , avec leur mere Zanocchia , cet indigne cardinal , pour unir tous les genres de scélératesse , pour unir le parricide à l'inceste , *fait assassiner et jetter dans le Tibre le duc de Candie ;* et chose horrible ! *les deux frères , la sœur et le père confondaient leurs infimes voluptes.*

Cet Alexandre VI lui-même avait rompu le premier mariage de sa *Lucréce,* et bientot apres avait fait casser le second, ayant fait déclarer, par des **faux**

Et quand, à tous ces crimes, d'absurdes lé-
gendaires ont ajouté celui de décorer leurs noms
du titre de *saint*, on ne craindrait pas les successeurs de pareils monstres, parce qu'ils sont
persécutés ! Eh bien, je dis moi, au nom des
Philosophes et de la Philosophie, ne les persé-
cutons pas, mais redoutons-les ; voyons toujours
en eux des hommes, mais des hommes à craindre ; et n'oublions jamais que, sous leurs robes
longues, au milieu des chaînes et des fers dont
ils étaient chargés, leurs devanciers, décorés du
nom de *martyrs* de la foi chrétienne, ont tous
caché le poignard de l'intolérance. (1)

---

témoins, Jean Sforce impuissant, et ne pouvant, dit encore Guichardin, *le
souffrir pour rival*. L'épitaphe suivante faite par Spontanus, comme cette
horreur :

» Hoc jacet in tumulo Lucretia nomine, sed re
» Thais, Alexandri filia, sponsa, nurus. »

Le même pontife poussa l'infamie jusqu'à *donner dispense* à Pierre Men-
doze, espagnol, cardinal de Valence, *d'abuser du marquis de Zanetta*
son bâtard. Vienne, dit un auteur, *le diable en personne, et enchérisse !...*

(1) La guerre des Vaudois et des Albigeois, est de toutes les guerres
sacrées l'exemple le plus frappant de cette intolérance. C'est sous le ponti-
ficat d'Alexandre III, que commencent à être connus ces paisibles et trop
malheureux habitans des montagnes et des villes du Dauphiné, du Vivarais,
du Languedoc et de la Guienne ; ils sont d'abord livrés aux anathèmes de
ce pontife, ensuite à toutes les horreurs du fanatisme et de la barbarie.

Lucius III son successeur, excommunie ces pauvres Vaudois et Albigeois,
nommément, *parce qu'ils portaient des sandales aux pieds et une cape !...*
Il ne les accuse point d'autre crime ; mais le véritable, *c'est qu'ils rappe-*
laient par leur simplicité les tems apostoliques, et condamnaient les abomi-
nations de Rome.

Enfin, le sanguinaire Innocent III, fait publier une croisade contre ce
malheureux, et donne rémission de tous les crimes, à ceux qui les pour-

Religion chrétienne du dix-huitième siècle, à quel dégré d'avilissement tes ministres t'ont réduite ! dans quel abaissement es - tu plongée, pour appeler dans tes rangs et à ta défense un homme jadis soutien de la Philosophie, apostat qui, dans la même page de son écrit délirammment calomnieux, désigne les Philosophes excitant les brigands et les bourreaux dont ils sont en même tems les victimes !... Et il a cru sanctionner ses calomnies par le sarcasme le plus ironique qui puisse être lancé contre la divinité !.... Et il a osé transcrire cet atroce blasphème des livres sacrés, où il eût dû rester enséveli !.... Il a eu l'audace d'appeler *le tout-puissant un terrible moqueur* !....

Des sarcasmes et des brocards, voilà donc les attributs du Dieu de J.-F. Laharpe!

V I I.

Il consacre ce paragraphe à la peinture de la

---

suivraient avec le plus de fureur. Suivant ce pontife abominable, plus on en massacrait, plus on leur faisait endurer de supplices horribles, plus on méritait d'indulgences. L'indigne Simon de Montfort marche en Languedoc et en Dauphiné, et passe les espérances de ce pontife ; jamais barbaries plus effroyables ne furent exercées, jamais plus de maux ne tombèrent a-la-fois sur ces provinces infortunées. *Des archevêques, des prélats sont à la tête de cette armée de réprouvés : la première ville prise par ces bourreaux, est* Béziers, *cette ville déplorable est réduite en cendres ; les cris effrayans des malheureux qui périssent dans les flâmes, sont entendus de* L'AFFREUX S.T-DOMINIQUE *qui excite le carnage. Plus de soixante mille personnes de tout sexe, de tout âge y périssent !... Toulouse, Carcassone, Alby, Castelnaudary, Narbonne, S.t-Gilles, Arles, Avignon, sont pillées, ruinées, désolées, saccagées ; et toutes ces horreurs sont comunises au nom de la plus barbare intolérance !...*

persécution horrible exercée contre les prêtres pendant la terreur : il la compare à celle des Césars persécuteurs , la trouve plus cruelle et plus atroce , et l'attribue exclusivement à la haine des Philosophes contre la religion chrétienne.

Mais lorsqu'il prostitue les noms sacrés de *tolérance*, d'*humanité* et de *Philosophie*, comme formant la légende du drapeau des proscriptions déployé pendant dix-huit mois sur toute l'étendue de la France , il omet sciemment de rappeler à ses lecteurs , que la classe des prêtres n'était pas la seule privilégiée aux assassinats juridiques et aux massacres individuels. Qu'il leur rappelle donc par mon organe , que , s'il est vrai *qu'on allât en Auvergne à la chasse des prêtres précisément comme à la chasse des loups*, la chasse des nobles , des riches , des hommes à talent et sur-tout des Philosophes , s'est faite dans toute la France avec non moins de barbarie et un succès peut-être plus complet ! Il avouera sans doute que le décret de la déportation des prêtres (1) , exécuté avant que le régime révolutionnaire ait atteint son dernier dégré d'atrocité , a enlevé grand nombre de victimes sacerdotales à la rage des tyrans.

Mais répondez , J.-F. Laharpe , vous qui ne voyez , dans ces temps affreux , que la religion couverte d'un crêpe funèbre et sanglant , quel rescrit , quel décret humainement injuste a ravi

---

(1) Qu'on se rappèle le décret du 26 août 1792 : il assura la vie à tous ceux qui y obéirent , et les a soustraits à la hache des bourreaux.

au trépas qui les menaçait , ces victimes connues sous le nom de fédéralistes ? Quel décret ! vous vous en souvenez sans doute en frémissant : c'était un décret de *mise hors la loi* ; décret de mort , planant à toutes les minutes sur leur existence ; décret dont *les Césars proscripteurs* n'ont pas osé souiller le code de leurs lois arbitraires ; décret qui ne menaça jamais personnellement les prêtres comme ministres de leur religion , mais qui a enveloppé dans son réseau funéraire , les Philosophes les plus purs et les plus dévoués à la cause populaire.

Est-il si étonnant que notre auteur , en s'apitoyant si lamentablement sur la persécution suscitée contre la religion chrétienne et ses ministres, passe sous silence des cruautés plus affreuses, exercées contre des victimes qu'il accuse dérisoirement d'en être les provocateurs ? Non , sans doute : ils étaient Philosophes ; et dans sa langue, ils étaient promis aux bûchers de l'Inquisition : les échafauds de la terreur les ont ravis à leurs flâmes : peu lui importe; ils ne sont plus ! J. - F. Laharpe *est chrétien , et il adore !*.....

Mais, moi qui n'adorai jamais des horreurs, je déchirerai avec franchise le voile si commode qu'il a étendu sur celles qu'il lui importe de laisser ensévelies; je montrerai aux yeux des lecteurs étonnés, plus de deux cents mille hommes, appartenans aux lumières et ne tenant à aucune secte religieuse, forcés d'errer de caverne en caverne , de rochers en rochers , pour prolonger une vie frap-

pée d'un décret de mort , que des scélérats , les
échafauds ou la faim finissaient par exécuter. (1)
Je leur rappellerai la fin si tragique et si désastreuse de ce savant si distingué , revêtu de la che-
mise des assassins , comme assassin d'un peuple
qu'il avait éclairé par ses ouvrages ; portant ,
comme le Nazaréen , l'instrument de son supplice;
livré , comme lui , aux outrages et aux malédic-
tions d'une populace qui lui crachait au visage ;
demandant , comme lui , un verre d'eau qui lui
fut refusé ; exécuté enfin, comme lui , sur un lieu
choisi exprès , et avec un appareil que prohibaient
les lois au nom desquelles il était supplicié : celui-
là n'était pas prêtre !... Et que J.-F. Laharpe nous
montre , dans tout le cours de la révolution , un
seul prêtre égorgé avec ce rafinement cruel et
barbare !

Lui sied-il mieux d'accuser d'intolérance les
fondateurs d'une république tolérant *tous les
cultes* ; et qui , selon lui , vous disent : *Renonce
au tien , ou je t'égorge.* Maxime atroce , que repousse loin d'elle la Philosophie , et qui n'a pu
naître que dans la tête du sectaire d'une religion
exclusive ! Intolérante légende , que doivent ré-
vendiquer pour leur dévise , les papes de l'église

______

(1) Buzot ! Péthion ! on ignore dans quelle partie de la France ou sur
quelle plage lointaine vos cadavres ont resté sans sépulture ! Et toi , savant
Condorcet , dont les sciences et les lettres sont encore en deuil , tu l'as terminée ta malheureuse carrière , dans le repaire qui te servit d'asile contre
la fureur des tyrans , et tu t'occupais encore alors des hommes, de leur bonheur et de leur perfectibilité , dans une *esquisse* qui fait regretter le tableau
qu'elle avait promis !...

romaine, et que les Pélagiens, les Manichéens, les Nestoriens ont écrite de leur sang sur la triple couronne !.... (1)

V I I I.

L'ESTIMABLE auteur de l'Écrit intitulé : *De la force du Gouvernement actuel*, insolemment attaqué par J.-F. Laharpe, dans ce paragraphe, ne craindra pas sans doute l'analyse exacte de sa brochure, dont il le menace avec un orgueilleux dédain : il le remerciera encore moins de la lui avoir épargnée jusqu'ici.

Pour moi, qui n'ai pas la vanité de pouvoir repousser, avec la même supériorité de talent que ce jeune républicain, les reproches injurieux qui lui sont adressés dans l'écrit que je réfute, je me tairai sur ce qui lui est personnel. Je garderai le même silence sur le paragraphe VIII. C'est une diatribe longue et calomnieuse, contre des êtres glorieux de mériter, selon notre écrivain, l'arrêt

____

(1) Entre'autres témoignages historiques des persécutions sanglantes exercées par les souverains pontifes, lisez le fragment suivant de l'épître de S.t Léon premier, quarante-sixième pape, en l'année 440 : il dit en parlant des manichéens : *il faut les fuir, écrire sur, afin qu'ils ne nuisent à quelqu'un ; il faut les découvrir pour qu'ils ne trouvent pas où reposer leur pied dans notre cité ; ce que nous vous enjoignons. Car il est convenable que cette action soit jointe et mariée avec le sacrifice des aumônes ; et il ajoute, que nul ne doute que ceux-là sont manichéens qui seront convaincus d'avoir jeûné le dimanche et le lundi en l'honneur du soleil et de la lune.....*

Ce Léon premier trempait sa plume dans le sang des manichéens en écrivant ces lignes atroces !.

de mort des assassins et le mépris des honnêtes
gens de son espèce.

On ne pourrait répondre à des injures , *dignes
des écrivains des charniers* , que par des imperti-
nences du même style : ma plume ne s'en est jamais
salie ; et je préfère en faire justice par le silence
du mépris.

I X.

J.-F. Laharpe s'élève avec indignation contre
l'apostasie des ministres de la religion chrétienne:
il les traite d'hypocrites et d'imposteurs. Mais ,
en empruntant ses propres paroles , les Philosophes
n'ont-ils pas le droit de lui dire : » Quelque soit
» votre opinion aujourd'hui ; quelqu'elle ait été
» auparavant , il est impossible d'en rien conclure
» contre la *Philosophie* que vous abjurez ; car qui
» nous répondra que celui qui a été jusqu'ici ,
» de son aveu , capable de mentir dans tous ses
» écrits à sa conscience , ne mente pas encore
» aujourd'hui ? Si vous avez été un hypocrite et
» un imposteur , dans votre profession de *Philo-*
» *sophe* , par un intérêt quelconque , pourquoi ne
» seriez-vous pas aujourd'hui un hypocrite et un
» imposteur , dans votre apostasie , par un autre
» intérêt quelconque ? Tout ce qu'il y a d'évi-
» dent, c'est que , de votre aveu , vous avez été
» le plus grand fripon , le plus vil coquin qui ait
» jamais existé , et qu'aujourd'hui , vous êtes le
» plus impudent. »

Voilà une apostrophe à laquelle , selon notre écrivain , *il n'y a point de réplique possible* dans l'intelligence humaine......

Il s'est jugé lui-même , en jugeant les apostats du catholicisme.

Il poursuit , et nous présente une de ces scènes hideuses et dégoûtantes , dont le tableau a fait gémir la Philosophie plus encore que la religion , parce qu'elle y est moins accoutumée. Mais, ce sont toujours les Philosophes qu'il arme du fouet de l'intolérance et du stylet de la persécution : ce sont des Philosophes qu'il accuse d'avoir été spectateurs tranquilles et témoins satisfaits d'une scène , que *les bandits des autres nations auraient en horreur , si on leur eût proposé de l'exécuter dans l'obscurité de leurs repaires et dans l'emportement de leurs orgies.*

Et quels Philosophes siégeaient alors sur les chaires curules de la convention nationale ? Quels Philosophes faisaient alors partie de cette assemblée , qui , quoiqu'en dise J.-F. Laharpe , fut souvent auguste et sera sûrement immortelle ? Quels étaient ces Philosophes ? Étaient-ce les Brissot , les Vergniaud , les Guadet , les Gensonné et tant d'autres , que la hache révolutionnaire venait d'immoler sur l'échafaud ? Étaient-ce les Pétion , les Louvet , les Roland , les Condorcet , errants alors de forêts en forêts , de montagnes en montagnes , pour conserver ou prolonger une vie promise aux bourreaux , et qu'ils ont terminée présque tous misérablement par le feu , le fer , le poison ou la faim ?

Ah ! si quelques Philosophes , échappés à l'œil inquiet et mortifère des tyrans , siégeaient encore à côté des bourreaux de leurs amis , c'est qu'il ne leur fut pas donné d'avoir un caractère assez grand, pour braver la mort à laquelle ils étaient dévoués, et que le silence leur parut la seule arme défensive contre leurs assassins ! Mais ils pleurèrent , ils gémirent sur l'empire funèbre et trop long , qu'exerça sur la France une minorité factieuse et ignorante : et il n'y a que notre auteur qui puisse reprocher aux Philosophes une *tyrannie persécutrice* , dont ils ont été les victimes privilégiées.

Douce et tolérante Philosophie , à l'exemple de **J.-F. Laharpe**, qui donne les plus viles passions des hommes pour *attributs à la sagesse divine , à la providence et au très-haut* , je ne souillerai point tes lèvres du souris amer du mépris ; j'armerai encore moins tes bras , des carreaux meurtriers de la vengeance : mais tu interpelleras aux pieds de ton trône éternel l'apostat qui déserta tes drapeaux, et tu lui diras :

» Que t'ai-je fait pour me calomnier ? Dès ton
» jeune âge , j'adoucis ton caractère violent ; je
» calmai dans ton sein , les funestes et dangereu-
» ses passions qui étaient prêtes à s'y développer;
» je les remplaçai momentanément par quelques
» vertus; et si quelques-uns de tes écrits respirent
» l'amour de tes semblables , l'horreur pour des
» abus qui avaient paru sacrés jusqu'alors, et l'a-

» version la plus prononcée pour des préjugés pu-
» bliquement respectés, c'est à moi seule que tu le
» dûs. C'est moi qui te conduisis sur les traces des
» Mably, des Rousseau, des Voltaire, dans les
» sentiers étroits de la vérité ; c'est moi qui t'y
» fis cueillir quelques fleurs, dont tu te hâtas peut-
» être, un peu trop, de tresser une couronne,
» pour ombrager ton front adolescent... Tu sais
» mieux qu'un autre, si le Dieu que tu sers à pré-
» sent, peut se plaindre du portrait que tu as tracé
» de *Las-Casas*, un de ses ministres ; tu l'écrivis
» sous ma dictée.

» Je ne hais aucun culte, aucun Dieu, et sur-
» tout je n'en proscris aucun : ce sont des hochets
» que je laisse entre les mains des hommes, comme
» en celles de grands enfans. Le déiste, l'athée
» et le catholique-romain, sont tous frères à mes
» yeux : si je plains celui-ci de son trop facile pen-
» chant à croire, je console l'athée dans sa soli-
» tude, et je porte dans mon cœur le sectaire de
» la religion naturelle. J'éclaire les mortels sur
» l'influence heureuse ou malheureuse, que les
» religions peuvent exercer sur leurs destinées : je
» les avertis par le passé, de ce qu'ils doivent en
» craindre ou en espérer dans l'avenir ; et quand,
» dans une longue série de siècles, je vois les pre-
» miers ministres d'un culte souillés de tous les
» crimes privés et publics, cimenter les dogmes
» de leur religion avec le sang de toutes les na-
» tions chez lesquelles elle est établie, je n'hé-
» site pas à dire à ces peuples : *Changez vos pré-*

» *tres , car ils vous rendent malheureux et méchans.*
» S'ils n'obéissent point à mes conseils , je les
» plains ; mais jamais je ne les y force avec le
» fer ou le feu. Je continue à crier dans le désert,
» jusqu'à ce que le temps d'entendre la vérité
» soit enfin arrivé......

» A présent même que , dans son délire insensé,
» un de mes anciens néophytes vomit contre moi
» les injures les plus grossières , je lui pardonne.
» Sa colère contre moi provoque ma seule pitié :
» ses anathêmes , ses imprécations , au nom du
» *Seigneur* , au nom *d'un Dieu* , à-la-fois *bon ,*
» *juste , méprisant et vengeur* , ne lui attireront
» de ma part aucune provocation menaçante. Je
» ne sais point haïr ; je ne connais point la ven-
» geance ; et s'il desire que je *périsse* , je desire
» moi , qu'il *vive* et qu'il revienne de son erreur. «

X.

CE paragraphe est consacré au tableau de la
spoliation des églises des catholiques-romains.
Cette fois , J.-F. Laharpe désigne dans une note ,
les prétendus Philosophes qu'il en accuse : ce sont
les Chaumette , les Hébert , les Gobel , les Robespierre. Avoir nommé ces hommes , c'est absoudre la Philosophie de tous les crimes dont ils
se sont rendus coupables.

X I.

ICI c'est la *faction* que notre auteur accuse ,

d'après le témoignage des autres , d'avoir , dès le commencement de la révo'ution , essayé de détruire en France toute espèce de culte religieux. Cette faction n'est point désignée sous le nom de Philosophique ; rien ne fait présumer qu'il ait eu en vue les Philosophes , sous le nom générique de faction : je n'y repondrai donc que par ce mot de toute vérité : *Personne n'est moins factieux qu'un Philosophe.*

X I I.

CE paragraphe est presque une justification des Philosophes : ce ne sont plus eux , ce sont des *monstres* qui massacrent les prêtres. Enfin J.-F. Laharpe appelle les choses par leur nom. C'est encore la *faction qui ordonne de courir sus , aux prêtres : elle assassine les nobles , les magistrats , les riches , les négocians , les gens de loi , les gens de lettres , les artistes....* et pourquoi pas les Philosophes?

Pourquoi, pour rendre hommage à la vérité , n'avoir pas associé leurs noms aux classes si nombreuses des victimes ?

Notre auteur n'a pas voulu que leur justification fut écrite de sa main ; mais les nombreux etc. qui suivent son énumération , prouvent assez qu'il les y a tacitement compris.

N'étaient-ils donc pas du nombre des assassinés, ceux que l'on envoya *les premiers en masse* à l'échafaud ! (1)

____

(1) Le massacre juridique des vingt deux, connus sous le nom de Girondins.

Jusques-là une ou deux victimes au plus avaient à - la - fois marché à la mort : des Philosophes fûrent les premiers que l'on y traîna en cortège nombreux ! N'étaient-ils pas du nombre des assassinés, les Philosophes pour lesquels la faction inventa l'épithète absurde de *fédéralistes* ; mot *homicide* qui les conduisait plus sûrement à la boucherie révolutionnaire, que ceux d'*aristocrates* et de *fanatiques* vomis cruellement, à la même époque, contre les nobles et les prêtres. Car je suis obligé de le répéter (puisque J.-F. Laharpe répete sans cesse ses homélies sur le sort des prêtres), le décret d'Août 1792 fut une égide protectrice pour tous les prêtres qui voulûrent user de la faculté de la déportation. Ce décret prouve que la faction voulait plutôt s'en débarrasser par la fuite, que les anéantir par la mort ; au lieu que le massacre seul fut décrété contre les fédéralistes, le jour que l'on inventa ce mot assassin, pour désigner la classe d'hommes qui comptait dans son sein le plus de lumières et de talens. De ce jour-là (du 31 Mai 1793), on sembla oublier les prêtres et les nobles pour poursuivre avec plus d'acharnement et faire périr avec plus de rafinement les Philosophes sous le nom de fédéralistes ; ou si l'on se souvînt quelquefois des prêtres et des nobles, ce fut quand les victimes fédéralistes manquèrent aux prisons. A cette funèbre époque, il fallait toujours de la pâture aux bourreaux. Ils se jettaient quelque fois sur les prêtres et les nobles ; mais ils envoyaient à la mort, préférablement à eux, les infortunés Girondins !....

Il y eut aussi parmi ces derniers, des artisans, des manœuvriers, des femmes même, pour lesquels l'accusation de *Fédéralisme* [mot qu'ils n'entendaient pas], fut le signal du trépas....

Que notre écrivain cesse donc d'apitoyer exclusivement les cœurs sensibles, sur le sort des prêtres, pendant le régime de la terreur ! elle fut moins dirigée contr'eux, que contre les Philosophes qu'on accuse si déliramment d'avoir été leurs persécuteurs. Les Philosophes n'aiment point le sang ; pas plus celui des prêtres, que celui des autres hommes : le leur a coulé sous la tyrannie triumvirale, peut-être avec plus d'abondance que celui des ministres du catholicisme. Ce n'est donc point la Philosophie que l'on peut raisonnablement accuser d'avoir provoqué tous ces crimes, puisque la *faction* faisait une guerre si acharnée aux Philosophes et à leurs principes.... (1)

X I I I.

Les Philosophes vous font *rire de pitié*, J.-F. Laharpe, quand vous les voyez substituer à un

----

(1) Vers la fin de ce paragraphe, une note de J.-F. Laharpe nous apprend que *le peuple ignorant connaît peu l'être-suprême, mais qu'il connaît beaucoup le bon dieu,* (c'est bien son nom.)

J'avoue qu'un peuple si ignorant, me paraît bien savant s'il connaît beaucoup le bon dieu ; pour connaître beaucoup cet être, que des savans du premier ordre ont déclaré incompréhensible pour la foible intelligence humaine, il faut de grandes lumières ; un peuple ignorant peut les avoir selon notre auteur : *je me prosterne et j'adore.*

calendrier

calendrier erroné, un annuaire fondé sur des bases fixes et immuables. Mais s'ils ont proscrit le calendrier grégorien, ce n'était pas parce qu'il était religieux, c'était parce qu'il avait été rédigé dans un temps où les sciences physico-mathématiques, n'étant pas parvenues à l'apogée où elles se trouvent, n'avaient pu lui donner le dégré de précision et de simplicité, qu'un ouvrage aussi important doit nécessairement avoir....

Oui, sans doute, l'établissement de l'annuaire républicain est une des institutions que la Philosophie avoue et que les Philosophes se font gloire d'avouer ; et dût notre auteur mourir de rire, en les comparant ridiculement à *Pythagore, qui se faisait un Dieu du calcul décimal*, ils avoueront comme leur ouvrage, la division décimale, substituée à la division septenaire (1). Ce changement partiel pour la supputation des jours, généralisé à toutes les espèces de calcul, devient un système clair, net, précis et raisonnable, qu'il est bien permis à J.-F. Laharpe de ridiculiser, parce qu'il en ignore les avantages, mais que tous les gens éclairés et de bonne foi regarderont toujours comme une des plus belles conceptions, dont l'exécution honore davantage la France république......

Quant à la prétendue impossibilité d'établir des

(1) Les catholiques-romains devraient être les derniers à regretter le calendrier grégorien ; son origine et sa nomenclature étaient toutes payennes. N'était-il pas ridicule pour un sectaire de la religion du Christ, de voir les principales fêtes de ses saints, de ses vierges et de ses martyrs, accolées aux noms des jours consacrés à la Lune, à Mars, à Mercure, à Jupiter, à Vénus et à Saturne ?....

D

fêtes dont l'observance soit générale et périodique, à moins qu'elles n'aient pour base une religion quelconque, je veux bien être de l'avis de l'écrivain que je réfute. Mais il doit avouer avec moi que si lui catholique-romain, en fêtant l'anniversaire des Joseph, des Nicolas, des Nicodème, consacre moins leurs noms à la vénération, que les vertus dont ils ont donné l'exemple sur cette terre de passage, le peuple chez lequel toutes les vertus seraient en quelque sorte déifiées et fêtées à des époques périodiques, remplirait très-certainement, en les célébrant, *un devoir domestique et public.*

Si ce peuple, à la place de la fête consacrée à Siméon Stylite, qui resta sur un seul pied pendant trente ans en équilibre sur le tronçon d'une colonne, en chommait une en l'honneur de la patience ou de la résignation : si, au lieu du culte rendu à l'apôtre Jean, cet ami si tendre et si dévoué, ce même peuple en décernait un à l'amitié ; ce serait bien là changer les noms, mais ce ne serait pas changer les choses.

Voilà les changemens raisonnables que les Philosophes ont droit d'attendre, et du temps et des lumières : seraient-ils fous, quoiqu'on en dise, de l'espérer encore ?

⎯⎯⎯⎯⎯⎯⎯⎯

X I V.

JE passerai rapidement sur ce paragraphe : il n'y est question, ni des Philosophes, ni de la Philosophie, comme cause des abominations dont on s'y plaint. Je ne m'y arrêterai que pour relever une erreur de l'écrivain auquel je réponds.

Elle est de fait et démentie par un grand nombre d'inscriptions qui existent encore sur le frontispice des *temples de la raison*. Leurs fondateurs y ont fait graver, par décret rendu par eux, l'énonciation de ces deux dogmes fondamentaux pour toute religion :

» Le peuple français reconnaît l'Être suprême » et l'immortalité de l'âme. «

Ils ont donc dit, d'une manière bien claire, que dans ces temples consacrés à la *raison, on adorait l'Être suprême ou le Dieu dont émane toute intelligence* ; et en vérité, quoiqu'en dise J.-F. Laharpe, ce culte-là était un peu moins ridicule que celui institué par l'Égyptien en l'honneur d'un *oignon ou d'un crocodile.*

Que *Marat* ait été sanctifié par eux et offert à la vénération du peuple français, c'est une vérité qui, si nous n'en avions été les témoins oculaires, nous serait démontrée par l'état d'abjection, d'extravagance et de servitude, dans lequel était alors plongée la nation entière.

Au reste, cette monstruosité doit-elle plus nous étonner, que la canonisation du trop célèbre Constantin, assassin de sa femme et de son fils, égorgeur des deux Licinius, et fêté comme saint par des chrétiens ? Non. Les bustes de Marat, en moins de deux ans, ont été abattus par les mêmes mains qui les avaient élevés; et l'effigie du plus sanguinaire des Césars est encore offerte par l'église romaine à l'adoration de ses sectateurs.

Je terminerai par une réflexion sur une phrase de ce paragraphe, ainsi conçue : » Ah ! l'on dira » ce qu'on voudra ; mais cela est *beau*, parce que » cela est *affreux*; cela est *beau*, parce que cela » est *dégoûtant*: cela est *beau*, parce que cela fait » *pitié*. » L'écrivain qui a fait cette exclamation si noble, a-t-il voulu nous apprendre que le *beau* doit être *affreux*, *dégoûtant ou faire pitié?* Si ce sont-là les idées qu'il a du *beau*, nous lui en faisons grace; ou s'il a voulu nous donner un échantillon du beau style, nous n'hésitons pas à affirmer que c'en est un de *beau galimathias*.

X V.

La Constitution de l'an VIII a fait la réponse la plus éloquente et la plus décisive à ce long paragraphe. Depuis sa mise en activité, la session du Corps législatif est limitée à quatre mois ; une simple promesse a succédé à des sermens, d'autant plus inutiles qu'ils étaient devenus plus fréquens ; des fêtes qui ne rappelaient que des évènemens personnels à des factions, sont abolies pour donner plus d'éclat à celles qui nous rappèlent l'établissement de la liberté en France, la chute du trône et la fondation de la République ; tous les prêtres arbitrairement déportés ou enfermés sont rendus à leur patrie et à la li-

berté ; des citoyens même , politiquement ban-
nis à plusieurs époques de la révolution , sont jus-
tement rappelés. La liberté des cultes n'est plus
seulement *écrite* dans les lois ; elle est maintenue
de fait dans toute la France : les temples sont
même rendus aux différentes sectes , pour le libre
exercice de leur culte ; mais à une condition :
c'est que l'autorité publique qui veut bien leur en
accorder la jouissance , puisse s'en servir pour y
promulguer ses lois et y célébrer ses fêtes.

Telle est la condition juste et raisonnable ,
imposée aux sectaires des différentes religions.
En vain J.-F. Laharpe prétend-il que ces actes de
la puissance civile *profanent les lieux saints ; et que
dès qu'on a permis le culte , il n'est pas permis de
le violer.*

Mais permettre l'exercice d'un culte , est-ce
s'engager à fournir le local où il doit être célébré?
Non , sans doute. Si le Gouvernement fait un
semblable don , il a droit d'y mettre toutes les
restrictions ou conditions qu'un donateur peut sti-
puler en pareil cas , dans le contrat qu'il passe de
son plein gré à un donataire.

Il est bien libre à ce dernier de refuser le don ,
si les conditions ne lui conviennent pas ; et c'est
sans doute ce que doivent faire les catholiques-romains , s'ils croient les temples qui leur sont gra-
tuitement concédés , profanés par l'exercice de
l'autorité civile. Mais celle-ci ne peut jamais violer leur culte , par cela seul qu'elle exerce , dans

l'enceinte de leurs temples , un droit qu'elle s'y est spécialement réservé.

Les *autels de la patrie* élevés dans ces temples et dans nos places publiques , n'ont point encore été renversés , malgré le ridicule dont les a couverts l'érudit écrivain que je combats ; et l'on peut prédire avec assurance que le bras du vainqueur de Lodi ne les renversera pas. Il courrait peut-être le risque de s'ensévelir sous leurs décombres : il les respectera.

Quoi ! selon J.-F. Laharpe , la patrie ne peut avoir d'autels , parce qu'elle n'a ni temples , ni prêtres, ni lithurgie? Mais n'a-t-elle pas un temple dans chaque commune ? Les magistrats du peuple ne sont-ils pas ses prêtres ; et les lois, sa lithurgie? Et croit-on qu'une semblable religion , dont la morale la plus pure serait la base, ne doive pas faire trembler sous la thiare , la mitre ou le turban , les Derviches de toutes les religions fabriquées par des prêtres ? ·

Ce n'est pas attaché au poteau de la vindicte publique', c'est étendu sur le bûcher destiné aux calomniateurs, que notre écrivain doit expier l'outrage grossier qu'il a vomi lâchement contre la Philosophie, et qui termine ce paragraphe. Il a l'adresse de laver les signataires (1) d'une instruction atroce dont il se plaint ; et il pousse la mauvaise foi et la perfidie jusqu'à en attribuer

______

(1) Ces signataires étaient les gouvernans d'alors , et il fallait se les ménager un peu.

la rédaction à un *Philosophe salarié qui l'a diri-gée*, dit-il, et dont il avoue *qu'il ignore le nom*. (1)

Sa haine aveugle et féroce lui fait voir avec une joie barbare et rafinée, un Philosophe écrivant une *instruction atroce*; et dans le même passage, ce *subalterne écrivassier* se métamorphose sous sa plume calomniatrice, tantôt en *jacobin évoquant des enfers la rage habituelle, la rage de tous les jours*; tantôt en *Philosophe* qui, *quoiqu'il ne paraisse pas ignorer la langue*, allie cependant la plus douce des vertus à la plus violente des passions. Quel tissu d'absurdités révoltantes ! Voilà donc la douce logique des nouveaux convertis !

⸺⟡⸺

X V I.

HONNEUR encore une fois à la bonne foi de J.-F. Laharpe ! Les cris de la vérité lui échappent à son insçu; et il est bon de les recueillir.

Ce ne sont plus les Philosophes, ce sont *Robespierre, la faction, les monstres* qui se sont gorgés de sang; ce sont eux qui ont entassé victimes sur victimes; ce sont eux qui ont envoyé indistinctement à l'échafaud les enfans et les vieillards, les filles et les mères; ce sont eux

____

(1) Alors notre auteur n'avait rien à craindre des Philosophes : à cette époque ils étaient avilis, foulés aux pieds; les vautours de la calomnie pouvaient impunément s'attacher à eux, et leur faire subir un sort plus affreux que celui du Prométhée de la fable.

qui ont moissonné par le glaive , qu'ils osaient nommer le glaive de la loi , les têtes augustes des *Malesherbes* et des *Fénélons* , et la tête philosophe et pensante d'un *Custines* , fils !.. (1)

<hr>

X V I I.

NOTRE auteur n'interrompt pas pour long-tems le fil de ses accusations calomnieuses contre les Philosophes. Il le reprend dans ce paragraphe : il y avoue qu'ils n'ont ni *massacré* , ni *incendié* ; mais ils ont mis, selon lui , *le glaive et la torche à la main de ceux qui étaient faits pour se servir de l'un et de l'autre ;* et il leur demande *à quel tribunal ils seront absous ?* A quel tribunal ? à celui de la postérité.... C'est elle qui les jugera contradictoirement avec leur accusateur.

C'est elle qui dira si, à une seule époque de la révolution française , on vit des Philosophes courir dans les rues et dans les places publiques ; et, à l'instar des ministres du catholicisme , dans les guerres de religion , prêcher le meurtre, bénir les armes , et transformer les hommes en bourreaux les uns des autres. (2)

<hr>

(2) Custine , fils ! dont les sciences , les lettres et la diplomatie doivent pleurer la perte. Custine , fils ! dont le tombeau sera souvent décoré par les mains de l'amitié : reçois l'hommage d'un cœur qui t'aime et qui ne t'oubliera jamais !...

(1) Qu'on se rappele les croisades : tous les papes de cette époque désastreuse , et S.t-Bernard lui-même, poussèrent l'Europe contre l'Asie , et bénirent les armes des infortunés européens qu'ils envoyaient s'entr'égorger avec les peuples de l'orient....

C'est elle qui dira si les écrits de ces Philosophes ont jamais aiguisé le fer ou préparé des poisons ; c'est elle qui dira s'ils ont jamais donné le nom de *fanatisme* à une religion qui a pu faire des fanatiques, lorsqu'elle a été dénaturée pas ses propres prêtres ; mais dont la morale sublime et pure a toujours été la base de leurs écrits et de leurs discours ; c'est elle qui dira enfin , que les Philosophes sont aussi étrangers aux indignités commises contre les infortunées sœurs de la charité, qu'à toutes les horreurs d'une révolution dont ils ont été les premières victimes. Et vous l'avez devancé vous-même, J.-F. Laharpe, le jugement de cette postérité : vous n'avez pas cru que les Philosophes eûssent participé aux outrages faits avec tant de rafinement à des êtres faibles et charitables ; vous avez avoué vousmême que les Philosophes *avaient sollicité, pour les ordres infirmiers, une exception à la proscription générale* ; et cet aveu, bien précieux dans votre bouche , en devient un de la mauvaise foi de vos accusations.

X V I I I.

Vous poursuivez ; et vous appelez à vous la mémoire de la postérité, aussi implacable que la vôtre, pour retracer les scènes sanglantes de septembre ; de ces jours, opprobre et déshonneur de la ville de Paris , où trente massacreurs à *chaque prison , ont assommé pendant huit jours*

consécutifs, les victimes humaines qui les peu-
plaient, avec le même sang-froid que les bou-
chers assomment dans leurs tueries les animaux
qui servent à notre nourriture. Oui, un Tacite
français burinera sur l'airain ces journées épou-
vantables qui n'ont jamais existé pour aucun
peuple civilisé de l'univers; oui, un Tyrtée,
aux accords effrayans de sa lyre, nous fera des-
cendre dans les souterrains des prisons où, pour
la première fois des bourreaux érigèrent entre eux
un tribunal, et à la lueur incertaine d'une lampe
qui à regret éclairait ces orgies sanguinaires,
jugèrent ou plutôt envoyèrent à la mort la plus
affreuse, les victimes dont *ils proclamaient dérisoirement la liberté.* (1)

Oui, ces forfaits pour lesquels aucune langue
ne peut avoir d'expression assez forte, ces sa-
turnales du crime seront peintes un jour avec les
couleurs qui leur conviennent, et présentées aux
peuples à venir comme le dernier période de
la scélératesse des plus atroces brigands.

Mais n'espérez pas, J.-F. Laharpe, qu'à côté
de ces monstres, des Philosophes nous y soient
désignés. Non : ceux qui, au prix de leurs vies,
ont réclamé à plusieurs reprises, dans le Sénat
français, le jugement des assassins de septembre;
ceux qui ont déclaré ne vouloir point siéger à

---

(1) C'était le cri de *liberté* qui fut véritablement l'arrêt de mort des victimes de septembre; à peine ce cri avait-il retenti sous les voûtes sépul-
chrales de ces cavernes du crime, que le malheureux contre lequel il avait
été prononcé, tombait sous la hache des féroces bourreaux.....

côté des scélérats que la voix publique en dési-
gnait comme complices ; ceux qui , par ce courage héroïque consacré à la poursuite du crime ,
ont mérité de mourir glorieusement sur l'échafaud (1) ; ceux-là étaient Philosophes , et n'ont
jamais ravalé le courage des victimes de sep-
ptembre , en le traitant de fanatisme ; *leur in-
trépidité fut celle de l'innocence* ; et les Philosophes assassinés juridiquement depuis cette époque désastreuse , se sont couverts de gloire en
portant à la mort et leur innocence et leur courage.

X I X.

ENFIN , il est échappé de la bouche de notre
auteur l'aveu précieux que les Philosophes *ont
été enveloppés dans l'oppression universelle* ; et
cette vérité qu'il retenait captive depuis le commencement de son ouvrage , a été tracée par sa
main imprudente. En voilà assez pour le con-
vaincre de calomnie.

Le reste de ce paragraphe est une censure
amère et satyrique de différens ouvrages de plusieurs Philosophes existans , entr'autres de celui
du célèbre Dupuis. Ces ouvrages répondent mieux

---

(1) Les Vergniaud, les Ducos, les Boyer-Fonfrède, les Guadet, et tous
les infortunés, dont les noms ont rempli la liste honorable, connue sous le
nom des vingt-deux....

qu'un apologiste à leur aristarque. Tant que J.-F.
Laharpe ne fera que censurer et critiquer les ouvrages des Philosophes, et ne les calomniera pas,
je le laisserai écrire à son aise ; je m'éclairerai
même quelquefois de ses remarques.

Les notes jointes à ce paragraphe regardent
personnellement des individus qui y sont nom-
més. Mieux que moi ils ont dû repondre aux accusations de leur censeur atrabilaire.

X X.

Ici, point de grief contre la Philosophie ; l'auteur se tait sur elle pour faire une profession de
foi politique, sur la révolution française et ses
effets. Je n'ai point entrepris cette réponse pour
pulvériser tous les sophismes, répandus dans l'écrit
que je réfute ; mais seulement pour dénoncer à la
raison et au bon sens les calomnies extravagantes
vomies contre les Philosophes. On semble les avoir
oubliés dans ce paragraphe : je me commande un
semblable silence.

X X I.

Le *christianisme persécuté par la Philosophie !*
Vous n'en croyez rien, J.-F. Laharpe, vous n'en
croyez rien vous-même. Non, je l'ai démontré au
commencement de cette réponse, la Philosophie

ne peut être persécutrice, parce qu'elle ne peut être fanatique; et je renvoie mes lecteurs aux raisonnemens que j'ai faits alors, et qui ne peuvent être effacés de leur mémoire....

Les Philosophes, comme je l'ai prouvé, étaient du nombre des massacrés; ils ne pouvaient donc se trouver parmi les massacreurs; car, on ne peut être à-la-fois et victime et bourreau.

Mais que J.-F. Laharpe jette ses regards épouvantés sur le sol vendéen, il y verra depuis le dix mars 1793, des prêtres, tantôt en habits pontificaux, exciter les citoyens à la rébellion, tantôt le crucifix d'une main et le glaive de l'autre, oublier au milieu des combats les plus meurtriers qu'ils étaient les ministres d'un dieu de paix.

Que de ces malheureuses provinces, il reporte ses yeux dévots sur un royaume du midi de l'Europe : il y verra un cardinal, un prince de l'église romaine, ceint de l'épée du *dieu* qu'il se plaît à nommer vengeur, bénissant d'une main déjà teinte de sang, les prêtres et les soldats qu'il pousse au carnage; et à travers les cendres, les cadavres et la destruction essayant de se frayer un chemin à la chaire pontificale. (1)

____

(1) Le cardinal Ruffo, à la tête des royalistes de la Calabre, n'a-t-il pas dû dire aux membres de son clergé, à-peu-près ce que Joad dit à ses Lévites, en de si beaux vers dans Athalie :

Étaient-ils acteurs ou victimes, dans ces innombrables journées de sang et de désastres, ces prêtres *si innocens, si purs et si pacifiques* !....

Certes ! je repousse loin de moi l'idée qu'ils aient
pu être membres de ces *compagnies Jesus*, dont
l'existence, quoique révoquée en doute par notre
auteur, est malheureusement attestée par les assassinats continus qui ont ensanglanté le midi de la
France, depuis l'époque avérée d'une réaction
trop réelle.

Le fort S.t-Jean à Marseille aura aussi son Tacite, comme les journées de septembre ; les roches
de Tarascon auront aussi leur Alcée vengeur ; et
tous les meurtres commis, en l'an IV et en l'an V
par *les compagnons-Jesus*, prouveront à la postérité
stupéfaite, que le nom le plus sacré a pu encore
être gravé sur les poignards des assassins.

Ce sont-là des faits appartenans déjà au domaine
de l'histoire et de la poësie ; puissent-ils être buri-
nés avec l'indignation qu'ils inspirent !

» *Dieu, sur ses ennemis, répandra la terreur :*
» *Dans l'infidèle sang baignez-vous sans horreur ;*
» *Frappez, et Tyriens, et même Israélites.*
» *Ne descendez-vous pas de ces fameux Lévites*
» *Qui, lorsqu'au dieu du Nil le volage Israël*
» *Rendit, dans le désert, un culte criminel,*
» *De leurs plus chers parens saintement homicides,*
» *Consacrérent leurs mains dans le sang des perfides !*
» *Et par ce noble exploit, vous acquirent l'honneur*
» *D'être seuls employés au culte du Seigneur ?* »

Je termine ce paragraphe par une observation à laquelle il ne peut y avoir de réplique; si le dieu de l'écrivain que je réfute a pu proférer ces horri_ bles paroles : *mea est ultio , la vengeance est à moi !* Oui , ses prêtres se sont déclarés les ministres de ses vengeances , ils ont, pour lui plaire , consommé tous les crimes dont ils étaient absous d'avance devant son tribunal , et dont la preuve existe dans les propres paroles de leur dieu vengeur : *mea est ultio , la vengeance est à moi !...*

X X I I.

La *faction ,* la *Montagne , les monstres ,* sont poursuivis seuls dans ce paragraphe. Je n'ai point pris la plume pour tracer leur défense, encore moins leur apologie : je passe au suivant.

X X I I I.

Il est consacré à une longue dissertation, sur la *propriété* des églises et des presbytères. Pour moi, en empruntant une phrase de l'écrivain auquel je réponds, *je n'entre pas dans cette discussion, depuis long-tems superflue; le fait a rendu fort inutile l'exa- men du droit.*

X X I V.

Encore un paragraphe auquel la constitution de l'an VIII a fait la réponse la plus énergique,

Les fers de tous les prêtres incarcérés sont enfin tombés depuis sa promulgation. D'ailleurs les Philosophes n'y sont point accusés, et je n'ai pris la plume que pour eux.

X X V.

Est-ce bien de bonne foi que J.-F. Laharpe reproche aux Philosophes l'abolition des funérailles, de ces devoirs suprêmes, connus du sauvage même qui les respecte et les remplit, et presqu'oubliés du français depuis la révolution.

Quoi ! les Philosophes outragent les tombeaux, jettent au vent les cendres des morts, et ne veulent pas qu'on leur laisse un refuge assuré contre l'hyène farouche ou le chien dévorant ? Eux ! qui, à toutes les époques de la révolution où leur voix n'a pas été étouffée par les menaces de l'échafaud et les cris de la mort, ont constamment appelé l'attention du gouvernement sur cette institution si intéressante ; eux ! qui ont rempli les journaux de plaintes amères sur cette coupable incurie avec laquelle on abandonnait la dépouille mortelle des hommes ! eux ! qui, non-seulement, ont employé la voie de la raison pour cette cause si honorable, mais encore l'ont embellie de tout ce que l'imagination offre aux hommes de plus enchanteur, des charmes de la poësie (1) ! eux enfin ! qui, sans croire que telles

______

(1) Qu'on se souvienne du tendre morceau sur les *sépultures*, imprimé

ou

ou telles prières, telles ou telles cérémonies religieuses soient nécessaires pour imprimer le respect
aux derniers devoirs rendus à l'homme qui n'est
plus, ne cessent de proclamer cependant que la
plus grande vénération doit entourer et accom-
pagner le cercueil jusques dans la terre, et n'hési-
tent pas d'affirmer que les funérailles chrétiennes,
toutes indécentes qu'elles étaient dans les grandes
villes et pour les pauvres, étaient préférables à ces
promenades scandaleuses, où un cadavre porté
par quatre hommes est souvent déposé à la porte
des cabarets, et y fait plusieurs stations avant de
prendre possession de la fosse qui l'attend ! (1)

Que cette calomnie atroce retombe encore une
fois sur notre écrivain, et qu'avec le reproche ridicule qu'il fait aux Philosophes d'avoir effacé toute
moralité du cœur des Français, elle serve à démontrer le délire de sa haîne contre la Philosophie.

---

avec les *souvenirs* du chantre sensible de la *mélancolie* : cet ouvrage est
marqué au coin d'une *Philosophie* à laquelle J.-F. Laharpe peut dire *un
anathême*, que tout homme sensé doit désirer d'encourir.

(1) On se souvient encore du scandale avec lequel un tombereau appelé
corbillard, e n rtait des différentes paroisses de Paris les cadavres de la
semaine ; ce corbillard traîné par un mauvais cheval, était précédé d'un ou
deux prêtres, auxquels on avait donné le nom dérisoire de *croques-morts* ;
ils étaient revêtus d'un surplis tout crotté et psalmodiaient ou chantaient
quelques antiennes, qu'à coup sûr ils n'entendaient pas. C'était ainsi que plus
des trois quarts des habitans de Paris et des grandes villes de France faisaient
le dernier voyage : mais il faut être vrai, l'indécence des sépultures actuelles
efface encore celle de ces tems-là.

E

X X V I.

Ni moi non plus, je ne daignerai pas répondre à ce court paragraphe où figurent *la Faction*, *la Montagne*, *Robespierre* : avec ces mots on a des lecteurs, mais à l'aide de ces mots on ne prouve pas des calomnies....

Une longue note, qui y est jointe, finit par nous apprendre que le citoyen Cabanis *se dit et se croit peut-être républicain* ; elle nous apprendrait quelque chose de plus incroyable si elle nous affirmait que J.-F. Laharpe *se dit et se croit même républicain*...

X X V I I.

Il fait dans celui-ci une longue dissertation sur le royalisme : il accuse les *jacobins* et les *montagnards* d'en servir la cause ; mais il ne pousse pas la démence jusqu'à traiter les Philosophes de royalistes : Il leur fait grace cette fois. J'userai envers lui de la même indulgence : je me permettrai seulement une petite observation, sur celles qu'ils fait sur le parti royaliste de la Vendée. Il n'est pas vrai que *leur royalisme* n'ait été que sur les drapeaux et dans la tête de quelques chefs ; car, tout récemment encore, ils ont été dans l'attitude la plus guerrière et la plus menaçante contre la république, quoiqu'ils eûssent obtenu depuis trois ans, dans une premiere paix, *ce que tout bon Gou-*

vernement doit accorder à tous. C'est encore là un démenti que le temps a donné aux assertions de J.-F. Laharpe.

X X V I I I.

On voit bien que notre auteur approche de la fin de son ouvrage. Il veut faire effet ; il veut frapper les grands coups ; et les mots de *Philosophes* et *Philosophie* auraient été trop doux : la *Faction*, *la Montagne et Robespierre*, voilà ce qui émeut le commun des lecteurs ; voilà ce qui imprime la terreur ; voilà les mots qui se trouvent le plus souvent sous la plume de J.-F. Laharpe, dans ses derniers paragraphes. Ce ne sont plus des accusations calomnieuses contre les Philosophes ; ce sont des homélies sur le régime de la terreur : je n'y répondrai pas.

X X I X.

Je me tairai encore sur les réflexions politiques et religieuses qui composent ce paragraphe.

Plût-à-Dieu que notre auteur n'eût fait qu'un traité de politique, de morale ou de religion ! Il m'eût épargné le dégoût de lui répondre. Mais il a fait un traité de *calomnies* contre les Philosophes ; et il a fallu, puisqu'ils se taisaient, rompre malgré moi le silence.

X X X.

ENFIN, avec J.-F. Laharpe, je suis parvenu au terme de la carrière qu'il m'avait ouverte. Il a calomnié les Philosophes et les a livrés à la persécution : je les ai justifiés et vengés.

Il les a mis sur la même ligne que les monstres et les brigands qui ont ravagé la France pendant le règne de la terreur.

J'ai fait voir qu'ils avaient été persécutés, préférablement aux ministres du catholicisme. Il les a peints comme des bourreaux ; j'ai démontré qu'ils n'ont été que victimes.

Il a provoqué sur eux la colère de son *Dieu vengeur* : j'ai fait parler pour lui l'indulgente pitié de la Philosophie. Puisse J.-F. Laharpe, que je ne connais que par ses ouvrages, bannir loin de lui l'idée que j'aie voulu l'offenser personnellement ! l'amour de la vérité ; l'amitié que je porte aux Philosophes ; ma vénération pour la Philosophie, ont seuls dicté ma réponse à un ouvrage, dans lequel ils sont en butte à des diatribes virulentes et calomnieuses.

Je ne finirai point par un vœu semblable à celui que notre auteur exprime avec une fureur presque délirante ; » ma mort, s'écrie-t-il, ne serait pas » inutile pour moi, ni peut-être même pour les

» autres ! Qui sait quelle est la goutte *du sang in-*
» *nocent* qui précipitera sur la tête des oppres-
» seurs , *cette rivière de sang* qui pèse sur eux, et
» qui doit tôt ou tard les engloutir ! »

J'abhorre l'effusion du sang humain , même
celle d'un sang coupable ; mais je terminerai ma
réponse , en adressant à J.-F. Laharpe sur la
tolérance des opinions religieuses , ce mot vrai-
ment philosophique du grand Henry IV , de-
venu catholique romain :

» Ceux qui suivent tout-droit leur cons-
» cience , sont de ma religion ; et moi , je
» suis de celle de tous ceux-la qui sont braves
» et bons. »

F I N.